AF399104

Ur balans

Promenad genom den förbjudna

Tankar från andra Sida

Perspektiv

Fyra diktsamlingar

Faramarz Moazzami

Santra
2023

Tryck: BoD – Books on Demand, Norderstedt, Tyskland
ISBN: 978-91-89171-08-4

Ur balans

En diktsamling

Faramarz Moazzami

Jag skall rita,

en stjärna åt dig

En lite ljus,

Ljusgrön

eller

ljusblå

Varför inte

en ljusröd?

Månen då?

Den vill jag inte ha!

Den är alldeles för stor

och

alldeles för ljus

Solen då?

Jo,

den gillar jag

Gula färgen

Är du glad nu?

Glad och Glad?

Det är bara,

en massa prickar!

Som fågelskit

Var finns färgerna?

Vita färgen?

Nej, men den gröna

och den röda.

De finns,

på dina ögon

och

dina läppar

Nej, nej!?

På pappret?

Nu är jag trött.

Vill inte rita mera.

Men prickarna?

Var är de?

De är borta,

med stjärnorna

och

med solen

Titta, titta ute

Månen är där

Usch!

Jag, jag, jag

Jag, jag, jag

Världen försvinner i jag

Jaget = Världen

Världen = Jaget

Tråkig jag,

tråkig värld

Roligt jag,

rolig värld

Konstig värld?

Tänk om världen vore din pung (fult, fult!?)

Den skulle falla ner,

i nästa stund efter vibrationen.

Världen skulle sluta att rotera

och förbli jord

eller

sand.

Tänk om världen vore din vagina (fult, fult!?)

När vibrationerna är borta,

blir det ingen rörelse rund axeln

Världen skulle bli som ett hav.

Ett torrt hav,

utan några fiskar.

Pungen är borta

och vaginan med.

Jaget är dött.

Världen finns inte längre.

Jag är trött på jaget.

Ut med jaget!

In med världen.

Låt världen leva.

Låt världen utanför dig leva!

Tystnad

Vi tittar på vår mage

Mage, mage, mage

Storlek

Ljudet

Vi tittar på vårt könsorgan

Organ, organ, organ

Storlek

Erektion

Vi tittar på maten

Mat, mat, mat

Gott och gott

Vitaminer

Vi tittar på spriten

Sprit, sprit, sprit

Bra vin

Årgång

Stark

Vi tittar på vårt lilla liv

och

bara det.

Finns det inte någonting annat utanför det?

Har världen rasat?

Var är alla andra människorna?

Var är alla andra djuren?

Var är fåglarna?

Tystnad

Det är tyst.

Det finns inget annat.

Var är poeten?

Han finns inte.

Det finns bara det inre!

Det som inte ens är inre.

Möjligen,

de inre organen

Allt annat är ointressant.

Är det ointressant?

Tystnad

Skratta lite

Skratta lite

Varför är du sur?

Ser du inte solen?

Ser du inte molnen?

Ser du inte träden?

Skratta åt mig

Skratta med mig

Var finns livets glädje?

Är du inte glad för kärleken?

Är du inte glad för att du lever?

Skratta lite

Du

Du är:

hög,

hög,

hög.

Ett stort huvud

Bara hjärna

Nästa stund.

Du är:

låg,

låg,

låg

Ett stort hål

En tom tunnel

Det finns ingenting mellan,

den rationella

och

den irrationella

Hög, hög, hög

Låg, låg, låg

Du finns inte

Du är borta

Ett gap bara

Allt igenom luft

Den som inte finns

Du

Ingen (1)

Ingen vill ha dig

och

du vill inte ha någon

Dina känslor

noll,

noll,

noll

Fem grader under noll

TV nytt

Vädret

Du tittar på

bingo,

bingo,

bingo

Ring, ring, ring

Du vinner

bil,

bil,

bil

Ingen vill ha dig

Ring, ring, ring

Ingen

Ingen (2)

Ingen vill ha dig

och

du vill ingen ha

Ditt liv är i obalans

Du hör inte,

fåglarnas sång

och

ingen hör ditt skrik

Du har glömt dikten

Livets dikt,

Som en fågel,

som har glömt sin sång

Fjädrarna skiner i solen

Fötterna har den på en grön gren

Men sången är borta

Du vill ingen ha

och

ingen vill ha dig

Ingen

Jag älskar dig

Jag älskar dig

Jag älskar dig

Jag älskar dig

Vad vill du?

Nej,

jag vill inte

Vill inte,

vill inte,

vill inte

Vad vill du inte?

Jag älskar dig inte

Jag älskar dig

Låt det vara

Låt det vara

Låt det vara

Låt det vara

Låt naturen vara!

Låt det vara

Låt det vara

Låt det vara

Låt kärleken vara!

Låt det vara

Låt det vara

Låt det vara

Låt sagan vara!

Låt det vara

Låt det vara

Låt det vara

Låt guden vara!

Låt det vara!

Bara försvinn!

Låt det vara

Snobbar

Snobbar

Snobbar

Snobbar

Jobbar

Jobbar

Jobbar

Jag är chef

Jag var chef

Jag

Jag

Jag

Du

Du

Du

Himlen

Himlen

Himlen,

finns det?

Jag vet

Vet

Vet

Du vet inte

Inte

Inte

Snobbar

Glad

Jag är glad

Glad

Glad

Glad

Du är glad

Glad

Glad

Glad

Vi är glada

Vi

Vi

Vi

Glada?

Vi sjunger

Ha, ha, ha

Ha

Ha

Ha

Egentligen,

är vi inte glada

Inte, inte, inte

Glad

Känn

Känn

Känn

Det är kallt,

som döden

Blås

Blås

Blås

Jag flyger

Orkan

Turbulens

Tunnel

Svarta hål

Jag är en partikel

Gå

Gå

Gå

Gå på jorden

Det var storm,

och du stod där

Döende

Tafatt

Naket ansikte

Dropparna,

som piss i avloppet

Händerna,

med häxtecken

Loppor under snötäcke,

i din myrstack

Döda fåglar

Mässa över den värld som försvann

Obemärkt,

som smulor,

med kackerlackor

Snabbare

Vi skjuter

Vi skjuter

Vi skjuter

Den som skjuter snabbast,

vinner

Ibland är det polisen

Ibland är det tjuven

Ibland är det soldaten

Och ibland?

Vad fan vet jag,

vem som är vinnaren?

Jo, jag vet

Det som har bättre vapen

Eller?

Vad fan vet jag,

vem som är vinnaren?

Jo, jag vet

Men jag låtsas,

att jag inte vet

Jag bortförklarar mig

Jag vänder ryggen mot

Eller jag försvinner

Jag blir osynlig

Det är inte bara jag

Det finns många andra

Alla vet

Men vi är osynliga

Osynliga,

osynliga

Inget vet

Snabbare

Western

Bang, bang, bang

Kulor

Bly

Starka och snabba men

Vi skrattar

Vi roar oss

Whiskyn

Kvinnor,

dansar,

horar

Hästarna dör av kulor

Indianer,

dödas

och

dödar

Vi skrattar

Vi roar oss

Tåget går genom terrängen

Öppnar horisonten

Vi jagar hästarna

Vi jagar indianer

Vi blir soldater

Vi skjuter

Bang, bang, bang

Vi skrattar

Vi roar oss

Vi är en del av western

Vi är western

Western

Den sjungande soldaten

Han sjöng

Tvättade.

Tvättade och tvättade,

sina blodiga händer,

i vatten

Vattnet rann på stäppen

Han gick

och gick

och gick,

över de blodiga fälten

Sjöng den blodiga sången

Rött ansikte av blod

och

blödande sjungande mun

Den sjungande soldaten

Bling,

bling,

bling

Lektion, lektion, lektion

Atomer, atomer, atomer

Kemi, kemi, kemi

Din kemi

Min kemi

Personkemi

Skratt

Får inte,

får inte,

får inte

Skratt,

skratt

Personkemi

Bling, bling, bling

Du är polis

Du är polis

och

jag är tjuv

Sätt mig i ditt fängelse

Fast i dina runda läppar

Binda mig med,

kedjan av dina svarta hår

Och låt mig leva,

bakom gallret av din kropp

Och vara kvar under,

kärlekstiden

Du är polis

Spelare

Jag är spelare

Jag spelar.

Hela mitt liv,

är ett stort spel

Men tyvärr,

spelar jag alltid,

på fel hästar,

som galopperar alldeles för fort

eller

alldeles för långsamt

De första blir trötta före målet

och de andra förbipasseras

Egentligen,

det är inte jag som spelar

Jag prickar

Jag är bara med

Vill du också vara med?

Spelare

Du är bomben

Du är bomben

Runda kurvor

Rullande intill mig

Du är bomben

Tänd

I väntan på explosionen

Du är bomben

Den mjuka,

som inte dödar

Möjligen,

spränger den mitt hjärta

Du är bomben

Det blir,

långt, långt, långt

och livet,

kort, kort, kort

En resa som blir kortare,

ju längre det är

Som en stjärna,

som brinner fortare,

ju längre tid den brinner

Långt, långt, långt

Kort, kort, kort

Vill du vara med mig?

Bara en stund

En kort stund

Du har så fint leende

Nej, nej!

Jag planerar för hela livet

Där har du ingen plats

Vill du vara med mig?

Bara en stund

En kort stund

Du pratar så vackert

Nej, nej!

Jag vill prata med dig hela livet

Inte bara en kort stund

Och frågorna som upprepas

Och svaren som ges

Och stunderna,

som blir längre och längre

och

kortare och kortare

Ett planerat liv,

utanför planeringen

Det var fyra flickor

Den ena hette Anna

Hon var vacker och fattig

Den andra hette Maria

Hon var ful och rik

Den tredje hette Karin

Hon var vacker och rik

Den fjärde hette Susanne

Hon var ful och fattig

Nej, nej!

Det är en tråkig historia

Den är en gammal historia

Var finns de kloka flickorna?

De som är,

både vackra och inte vackra?

Var finns de intelligenta flickorna?

De som är,

både vackra och inte vackra?

Nu blev det alldeles för många flickor

Ekvationen har för många obekanta

Det går inte att lösa

Det är matematiskt olösbart

Det behövs dator

Vi måste ha system

Nej!

Nu är historien slut

Jag klara det inte längre

Gör ni det?

Jaha!

Hos oss,

gör vi si och så!

Jaha!

Hos oss,

är vi si och så!

Jaha!

Hos oss,

lever vi si och så!

Jaha?

Hos oss,

gör vi inte si och så!

Jaså?

Hos oss,

är vi inte si och så!

Jaså!

Hos oss,

lever vi inte si och så!

Jaså!

Fågeln har slutat att sjunga,

för att orden var en cirkel,

med fyra kvadrater

Där ja och nej,

ersätter högsta tangeringspunkter,

i var sin kvadrant

och

centrumet var borta sedan länge

Jaha!

Ljug inte för mig

Jag är själva lögnen

Du är bara en parentes,

utanför sanningen

Vad finns inom parentesen,

är inte bara plus och minus

Vikterna finns med siffror

Större siffror,

större lögner

Du klarar det inte

I min parentes,

finns bara positiva lögner

Resultaten blir alltid störst,

när de negativa är borta

Lögn är ändå lögn

och

du är borta

Utanför parentesen

Jag vill sjunga,

en sång för dig

Det kan du inte,

det kan du inte

Vad?

Du är döv!

Jag hör dig ändå inte

Inte?

Då skall jag sjunga,

en döv sång för dig

Det kan du inte,

det kan du inte

Vad?

Jag är inte döv

Jag hör dig ändå

Vad blev det?

Hör jag dig

eller

inte?

Det

Nu är jag klar med det

Och med det,

är jag klar med allt

Och med allt,

är jag klar med det

Början

och

slut

Slut och början,

En cirkel med det

och

med allt

Och jag vandrande,

mellan

allt och det

Promenad genom den förbjudna

En diktsamling

Faramarz Moazzami

Svärdet

Svärdet

Gudens blänkande hand,

av härdat stål,

i människans hand

I ett liv långt borta,

från kärlekens hav

och

lyckans strand

Där allt är ödesbestämt

Förflyttning,

från noll till noll,

på en sträcka

Tidssträcka

Osynlig

Bara synlig på pannan

och

på dina händer

Blodet på bladet

Sedan tusentals år av förtryck

Hjärtats förtryck av hjärtat

Torkat av värmen från blodet

Svärdet kvar

Men människan nedsövd,

av opiumet från hatets blomma

Hästen gnäggar

Hästen flyr,

från noll

Från blodet

Trampar på opiumet

Mot damen,

i en vit bröllopsklänning

Damen,

i väntan på att svärdet,

hamnar på havsbotten,

och blir uppätet av hajarna

I väntan på att vattnet torkar blodet

I väntan på att ljuset,

bryts i vattnet

Vattnet som är täckt av blomman

Näckros

En begravningsplats för svärdet

Svärdet

Automatik

Dörren,

stor och ståtlig,

skall öppnas automatiskt.

Men det gjorde det inte

Automatiken blev manuellt

Man fick trycka först,

Sedan fungerade automatiken någorlunda.

Ibland gick allt i baklås

Och vad skrämd blev jag!

Att hamna bakom,

en sådan ståtlig dörr.

Jag var speciellt rädd för den lilla hunden,

som satt fast i ett snöre,

utanför dörren.

Jag var rädd,

att han skall offras,

för automatikens skull.

Tänk en hund!

Utan händer,

för att kunna hålla emot.

Och det var det med automatiken

Automatik

Maskinen

Maskinen gick och gick

Motorn

Ljudet

Vibrationen

Delarna

Omvandlingen

Händer

Hjärnan

Tiden

Omvandlingen

Upprepningen

Varor

Byggsatser

Papperslappar

Själen

Saknaden

Visslan

Klockan

Livet förbi livet

Maskinen

Hissen

Hissen

Den genomskinliga

Den eleganta

Rörde sig upp och ner

Siffrorna,

lyste och släcktes.

Väntan utanför och innanför

Blickarna,

mot golvet och väggen

Den fyrkantiga

Ibland,

träffades de av misstag.

Men de vändes snabbt,

och bytte kurs.

Precis som motorn och motvikten

En vertikal och en horisontal rörelse

De som bildade korset

Hissen

Stora och lilla

Vad var det stora

och

vad var det lilla?

En rörelse,

Från makro till mikro.

Stora och små

Cirklar

En byggsats från,

kvarts.

Atomer till,

vintergatan

och

universum.

Teleskop

Mikroskop

En resa från Jupiter till cellen

Rörelser som upprepas

Ögonpupiller

Kattens

Större och mindre

Kolatomer,

dina celler.

Elektroner,

som rör sig var som helst.

Kromosomer

Alger

Maskar

Apor

Människor

Sanden

Isen

Borta vid vintergatan

Nebulosan

Bara tecken,

från den lilla,

ur den stora.

Betänksamhet livet ut

Där det exakta är sannolikheten

Livet som en gissning,

ur våra fantasier

och

önskan

Drömmar

Tankar ur cellen,

till universums center.

Det stora

och

det lilla

Svart hål

Ett hål,

genom det svarta

Går inte att läsa

Går inte att se

Går inte att observera

Är det ett hål?

Är det svart?

Är det ett svart hål?

Var finns det?

Nu är jag trött

Trött på mig

och

på det svarta hålet

Svart hål

Stål

En värld byggd på stål,

av stål

Inre och yttre

Våra konstruktioner

Kroppar

Vårt hjärta

Stålet,

hård,

hållfast

Men kallt

Lika kallt,

som vinden,

genom glaciär.

Men varmt

Lika varmt som lavan,

genom jordens kärna.

Det som är järn

och

blir stål

Det mjuknar,

men blir hård

Det som är redan härdad

Stålet

Betong

Cement,

vatten och sand.

En salig blandning

Cementen,

från kalken

ur

vulkanen

Lavan

Jordens blod

Vatten från havet

Livets källa

Och sanden,

mina celler omvandlad,

till jord.

Undre tryck

Sedan tar tekniken över

Betong

Vackert,

som den romantiska bron,

över den smutsiga floden.

Fullt,

som det höga huset,

där sjuder livet därinne.

Vackert och fullt

Som allt annat i livet

och

i världen

Betong

Stenar

Stenar

Världens juveler,

under dina fötter.

Stenar,

byggda av vulkan

och

hoptryckt sand.

Under miljontals år,

eller av tillfällighet,

hamnat på vår planet

Stenar vid stranden

Kastat mot Maria Magdalena

och

Jesus

Blodet är borta sedan länge

Men stenarna är kvar,

på promenadgatan mot slottet

Under dina och hästens fötter

Stenar

Bergen

Berget var kuperat,

med mjuka och hårda kurvor

och

mörka och ljusa partier.

Som din nakna kropp under ljuset,

i det mörka rummet.

Den gulaktiga.

Molnen ovan

och solen bakom

Skuggorna

Drömmen

Stenen och sanden från vulkanen

Och cellen från havet

Den solida och den mjuka

Kroppen

och

bergen

Bron

En halvmåne,

som inte skiner.

Inte ens under solen.

Molnen dansar,

ovan och under.

Klipporna,

håller i pelarna.

Och de gröna träden,

binder fast stenarna.

Tågen korsar horisonten

och

båtarna simmar på glittret.

Bron

Staty

Rödluvan i blå klänning

Luvan bortblåst med vinden

Ansiktet, bara pannan.

Allt i keramik

Lika sprött,

som rödluvan i det blå.

Staty

Linjal fot

Ett bord,

med linjalfötter av metall.

Fler och fler,

av samma sorter.

Linjaler

Visar exakthet,

på det som inte finns.

Bordet bär,

en hop exakta linjaler,

som inte är exakta.

Bara linjaler

Överallt linjaler

Linjal fot

Hans fot

På hans fot växte jorden

Och på det,

växte grönskan.

Allt i plast

och

papper

Plast från jorden

Oljan

Papper från regnskogen

Regnskogen som brinner

Röken som gömmer jordklotet

Det som finns på hans fot

Hans fot

Fåglarna i dårhuset

Små, små fåglar,

med röda näbbar

i

små, små burar.

Skrämda av djuren,

på två fötter.

Skrämselljud ersätter fågelsången

Några dansar,

skrämseldans på små gungor.

En två – fotad som imiterar fågelljud

Ett försök,

för att uppmuntra,

de skrämda fåglarna i dårhuset.

Gardin

Bara några knappar,

På en upphängd lång

och

mörk topp.

Några fransar hängande på det

Som en o-öppen gardin,

i väntan på,

att dras isär.

Att ljuset skall komma fram

och

visar vad som finns bakom det.

Gardinen

Kvinnan

Knapparna som gömmer nakenheten

Kläderna

Gardinen

Det som skymmer ljusstrålarna

Det som går,

igenom kroppen.

Och det som kommer,

ur kroppen.

Gardin

Stol

En stol stod där.

Bordet var borta.

Och det fanns inget annat än,

en ensam stol.

I väntan på kontakt.

Närkontakt med en kropp.

Det fanns inte ens en kudde.

Ingenting mjukt,

bara hårda nakna ben.

Lite tyg,

som gömde nakenheten.

Det var bara,

en ensam, nästan naken stol.

I väntan på kontakt.

Att bli fylld av volym

och

värme.

En stol

Ljuset

Ljuset genom prisma

Brytning

Brytpunkt

Ljuset genom diamanter

Upp och nervänt

Sned

Hur som helst

Perspektivväxling

Ljuset genom kristall

Olika färger

Ljuset genom tunnel

Mörkare och mörkare

Mina ögon

En prisma

En diamant

En kristall

En tunnel

Allting

upp och nervänt

och

ändå rätt.

Ljuset

Lampan

Lampan,

ljuset genom mörkret

Utslaget,

av mörkrets skräck.

Svarta häxan

Döda hav

av

oljan

Fotoner genom sammeten

Den genomskinliga

och

svarta.

De försvinner,

bortom det förståndiga.

Mörkret

och

ljuset

Omaka par

Lampan

Natten

Natten

Mörka tunnlar,

utsträckta i tiden.

Två dimensioner

Den tredje borta med ljuset

Vågorna som inte syns

och

väntar på strålarna.

Du är borta

Kvar är bara värmestrålarna

Det som ersätter

och

inte ersätter ljuset.

Att se med händer

och

kroppen.

Luften

Din lukt

Känslan förbi mörkret

Natten,

som känner ensamhet,

i mörkret.

Natten

Ljudet

Vågorna kryssade luften

på vägen mot…

De träffade luftmolekyler

och

regndroppar.

Sinuskurvor,

osynliga.

Öronen

Kanaler

Membran

Kemiska reaktioner

Signaler uppåt och neråt

Sången

Fåglarna

Droppar

Luften

Känslor

Rysningen

Resan med vågor

Ljudet

Trampolin

En kö till trappan

Till trampolinen

För de som vågar

Höjden

Vattnet

Livet där nere

Hjärtklappningen

Snabbare

Snabbare

Titta ner

Gå tillbaka

Våga och inte våga

Tveksamhet

Skall jag tillbaka?

Till slut,

hoppandet.

Ett ljud

Vibration

Jag flyger genom atomer

och

molekyler.

Plasket

Inne i vattnet

Fisken simmar till andra sidan

Glad,

att det är över.

Glad,

att man har vågat.

Trampolin

Förflyttning

Jag gör en cirkulär förflyttning,

längs periferin.

Centrifugal kraft

Tryck mot ytan

Ytan,

osynliga molekyler,

som blir tunnare och tunnare.

Jag är lätt

Jag flyger med mina lungor,

fulla av rök.

Uppvärmd

Jag flyttar mot centrum

Mot punkten

Med luften

och

kraften.

Kraftlös

och

liggande.

Förflyttning

Tunnel

Ljuset var långt borta

På andra sidan,

Eller bakom.

Vid passagen

Men tankarna var ordnade efter,

dessa två parallella väggar.

Två rationella väggar

Tankarna som inte flög med vampyrer

Blinda.

Ledda enbart av ljudet

Ekot

Styrt av tunnelns väggar

och taket

Såg bara,

en glimt av ljuset.

Det som försvann i mörkret

Man levde,

i sina tankars tunnel.

Såg bara,

det man ville se

och

det som man kunde se.

Tunneln

Fångar

De var fångar i en cell

En tvåvåningssäng

Den ena låg ovan

och

den andra under.

Nakna

I en värld av dröm

Huvuden var genomskinliga

Klot.

Deformerad sådana,

av plast

eller

glas.

Inuti dem,

fanns fiskar som simmade.

Simmade i deras drömmar

Fångar i fängelse

Fångar i drömmen

och

av drömmen.

Fångar

E= mc2

Det blänkte

En gigantisk blixt

Ett bländande ljussken

Människans vulkan

Miljoner grader

Byggd på,

E=mc2

Ovanför min stad

Jag blev kol

Inte ens det

Aska

Min vän i den andra stadsdelen,

levde några år till.

Med sina sår som aldrig läkte

Vi såg inte varandra mera

Inte heller såg vi fåglarna

De som vi lekte med i parken

Och grannens hund

Allt hade försvunnit

i svampmolnet

och

den artificiella jordbävningen.

Tryckvågen

Vi var bara barn

Och förstod inte de vuxnas lek

Vi var brända för livet

Som vår stad

och

vår planet.

Den dagen förstod jag,

vad helvetet var.

Det som de vuxna,

skrämde oss med

E=mc2

Konstigt nog

Konstig nog,

just nu vet jag inte,

om jag är glad eller ledsen.

Lyckligt

eller

olycklig.

Jag färdas oberörd,

efter en linje,

som är inte någon linje.

Blommorna är borta

Stjärnorna

och

orden med.

Ibland hör jag fåglarna

De flyger ovanför mig

Konstigt nog,

klarar de det som jag inte gör.

Det kallas för fysik

Fysiska lagar

Aerodynamik

Men de förstår inte

Det är bara vi som gör det

De gör som de brukar göra

Instinktivt.

Kanske!

Nu kom jag ut,

ur mina tankar.

Lyckliga fåglar

Är de det?

Kanske glada

Är de det?

Och jag färdas vidare,

i min viktlösa situation.

Konstigt nog

Jag gjorde,

en virvelrörelse.

Hamnade på en annan nivå

Stannade halvvägs

Datorn kopplades ur drömmen

Mardrömmen

Jag surfade

Såg vackra bröst ur Playboyen

Meddelande var framme

USA-tjejen var i min gård

Ville åka med plan

Men planet var halvfärdigt

och

vågorna var höga.

Jag surfade i underläge

Hörde inte pianot,

under vattenmassorna.

Strömmen gick

Snön var framme

Signalen bröts

Och jag vände mig

Med ljuset,

i ljuset.

Svartsjukan

Han var svartsjuk

Svartsjuk på klänningen

Den som omfamnade henne

Han var svartsjuk

Svartsjuk på b:hn

Den som tryckte på hennes bröst

Han var svartsjuk

Svartsjuk på bardisken

De runda kanterna

Där hennes bröst vilade mot

Han var svartsjuk

Svartsjuk på ringarna

Som kysste sig fast på hennes öron

Han var svartsjuk

Svartsjuk på den hårda sängen

och

den mjuka madrassen,

som hon låg på.

Han var svartsjuk

Svartsjuk på luftmolekylerna,

som befann sig,

nära och inne,

hos henne.

Den som värmdes upp av hennes anlete

Han var bara,

Svartsjuk.

Skapande

Hon frågade:

Vad gör du?

Han svarade:

Jag skriver,

si och så,

om det och det,

så mycket idag och imorgon.

Vad gör du med allt detta?

Frågade hon

Så dum fråga,

tänkte han.

Vad gör man med sitt barn?

Man sköter det

Man vårdar det

Det som finns

Vad gör man med sin kärlek?

Man vårdar den

Så länge som det varar

och

som den går.

Vad gör man med livet?

Man vårdar det,

så gott man kan.

Vad gjorde guden med sin skapelse?

Det som sägs.

Han vårdade det,

så gott som han kunde.

Vilken fråga?

Skapande

Tankar

från andra sida

En diktsamlig

Faramarz Moazzami

Bergen

Jag satte mig på en sten,

någonstans på bergen.

Solen spelade kurragömma med mig.

Bakom kullarna,

längs nere,

fanns floden.

Den passerade förbi,

som ormen,

mellan stenarna.

Jag var ensam med mig

och

med himlen.

Jag kände något,

som jag inte visste vad det var.

En känsla av avskildhet

och tillhörighet.

Molnen,

passerade ovanför mig.

Jag kunde nästan ta i dem

Det som var ogripbart

Jag var både,

stolt och stor.

Både,

skör och sorgsen.

Solen skar i mitt hjärta

och

molnen sydde såret.

Det gjorde så ont att se skönheten

Men jag blev lätt

Som om hela världens tyngd hade släppt mig

Örnen flög ovanför mig,

med sina väldiga vingar.

Han var ännu lättare än mig

Vi hade båda blicken mot jorden.

Medan vi flög,

såg vi allt

och

vårt vittne var bergen.

Bergen

Stranden

De hade hunnit gå en bit,

och ännu en liten bit.

Utsikten förändrades

och

upprepades.

Efter en tid hamnade de,

vid ett träd.

Det skymde solen

Men det gjorde inget

De lade sig under det,

på gräsmattan.

Vilade

och

blundade.

Solstrålarna följde de,

genom bladen

och

ögonlocken,

rakt in i deras ögon.

De såg blodet

och

vulkanen.

De blev rädda

Öppnade sina ögon

Gröna bladen och blåa himlen,

uppenbarade sig.

De fortsatte och gick,

genom de gröna fälten

och

den torra och bruna jorden.

En hund följde efter

och

rörde på sin svans.

Vänskapstecken

Men de ville inte ha någon med sig.

Inte ens en hund.

Hunden var trofast

De kastade en sten på den

Den skrek och stack

och

bytte riktning,

mot det okända.

De fortsatte genom den torra jorden

Svett och svett

Fötterna var trötta

Till slut såg de havet

Det vackra

och

väldiga.

Sanden

och

stranden.

De tog av kläderna

Ned i vattnet

Usch

De frös,

men ändå.

De satte sig vid stranden

och

väntade på båten.

Dag efter dag.

Solen sken om dagarna

och

månen om kvällarna.

De väntade på båten,

som skulle ta dem med sig över havet,

till den andra sidan.

Till den andra stranden.

Ibland såg de något

De skrek och hoppade upp och ner

Men det var inte någon båt

Det var bara molnen,

som liknade en båt.

Ett moln som blåstes bort med vinden

De blev sorgsna

Havet blev droppar

En samling av deras tårar

Tårar av väntan

Tårar av längtan

Havet växte

De nästan drunknade i det

Havet sjönk,

och blev åter torrt.

Som sanden under solen.

Havets längtan och deras längtan förenades,

och väntan blev som en krona på den.

Stormen kom och tog ner,

Stjärnorna på havet.

Solglimtarna.

De blev förblindade av dem

De skrek och svor

Låt oss försvinna i dig.

I havet.

Men havet ville inte ha dem

De kastades tillbaka,

som plastmaskar,

som spottas utav fiskarna.

De blev kvar på,

sin meningslösa strand

Stranden

Vrede

Jag försöker glömma min vrede,

i ett skal av finkornig sand.

Sanden,

mina celler,

utformade av universums vrede.

I det ögonblick,

av jämviktsrubbning.

Jag försöker,

att glömma min vrede,

utformad i det ögonblick,

av icke kärlek,

mellan Gud

och

Djävulen.

Jag,

en varelse av kött och blod,

utformad av icke sand,

som ändå blir sand,

vill glömma allt om,

begynnelsen

och

domedagen,

där vrede har blivit vrede.

Helvete

Jag var där, eller inte?

På det lilla berget.

Det var flod.

Havet var förbannat.

Floden mot bergen,

raset.

Jag hoppade,

så högt som jag kunde,

mot himlen.

Hamnade på ett skepp.

Var det Noahs,

eller

ett kryssningsfartyg?

Jag vet inte,

jag såg det inte.

Det var mörkt.

På ena sidan fanns Dantes helvete

och

på den andra sidan Sindbad.

Han kämpade med sitt svärd mot djinner.

Stormen ökades

och

vattnet forsade.

Djurens skrik.

I nästa stund,

sjönk vattnet.

Det som var kvar,

mitt skepp i en torkad sjö,

i Kazakstan.

Det fanns inte någon Scheherazade.

Det fanns bara salt

och

döda djur.

Jag skrek.

Jag var i en öken som inte var någon öken,

mellan skeletten på människornas och gamla djurens.

Satan var också där

eller

var det jag?

Han uppmuntrade mig,

eller

var det jag som uppmuntrade honom?

Genom saltet växte ett träd.

Det växte upp ur mitt tomma skal

och

himlens moln.

De som inte fanns.

Det blev högt.

Lika högt som himlen.

Fåglarna kom tillbaka från ekvatorn

och

satte sig på trädet.

De sjöng av glädjen.

Zigenare barnens,

ridande på hästar,

på sin väg mot det utlovat landet,

det som inte fanns,

hade somnat.

Satan med sitt gevär,

jagade fåglar.

Var det satan,

eller

var det jag?

Fåglarna var skrämda.

Fåglarnas flytt.

Lik en drake,

skickade jag eld mot hans gevär

och

smälte det.

Det omvandlades till järn.

Järnet blev kanon.

Var det Napoleons kanon,

eller Hitlers?

Jag vet inte.

Det var mörkt för att se.

Zigenarbarnen är i fängelse

och

jag i en saltsjö.

I väntan

I väntan på att fåglarna ska komma tillbaka

och

i väntan på friheten.

Min frihet och din.

Noah finns inte längre.

Inte heller Sindbad och Scheherazade.

Vi alla väntar.

Väntar på fåglar.

Och fåglarna väntar på oss

Helvete

Dröm

Jag drömde,

att jag var vid en terrass.

En liten remsa,

med en grind.

Den som skilde mig,

från avgrunden.

Jag ramlade.

Men jag tog tag i grinden

Den höll på att rasa

Jag faller,

skrek jag.

Min bror var där

I närheten

Han uppmanade mig

Håll dig kvar,

och försökte dra dig upp.

Jag höll mig fast,

och försökte och försökte.

Men jag orkade inte.

Där var jag,

i väntan på fallet.

Som tur var det en dröm

Där starten är lika dunkel,

som slutet.

Då stod jag vid en väg,

med min ångest.

Långt borta fanns,

de gröna träden,

och hos mig,

bara en dröm.

Dröm

Parningslek

Vi var på savannen,

som inte var någon savann.

Med de andra djuren,

som inte var några djur.

Vi drack och drack

Vi dansade och dansade

Dansen var egentligen inte någon dans

Det var en parningslek

Med musik som var,

tekno och spansk.

Det fanns både,

påfåglar och lejon.

Alla i mänskliga gestalter

Lekar och fantasier,

blandade sig i en artificiell värld.

I en djungel,

som inte var någon djungel.

Träden var långt borta

Alla ville

och

ville inte.

Ibland var man hand i hand.

Ibland kind mot kind

och

läppar mot läppar.

Men ibland blev det också,

misslyckade parningslekar,

där distansen ökade

och

kärleken fjärmade sig.

Dansen,

människans parningslek.

Vargen

De var människor

De såg ut som människor

Men var de människor?

De var ensamma

De pratade inte

De grät inte

De log inte

De var i sig själva

Vem var de?

Var var de?

De var bilder,

i en vattenbrunn.

När den ensamme vargen,

ser sin bild i vattnet,

frågar han:

Vem är det?

Han hör enbart,

ekon av sin röst i brunnen.

Ljudet stör bilden

Det blir suddigt

Han ser spöken

och

blir rädd.

En människa som sparkar på väggen,

får i bästa fall,

ett eko av ljudet.

Vargen som ylar på kvällen,

när han känner sig ensam,

får ett eko av ljudet,

långt, långt borta mot bergen.

Han vill tala om,

att han finns.

Men finns han?

Är han varg

eller

människa?

Vargen

Vän

Ena dagen var jag vän

Den andra dagen,

ingen.

Ena dagen var jag känd

Den andra dagen,

okänd

Ena dagen fick jag en hälsning

Den andra dagen,

inget.

Jag förstod,

att jag inte förstår.

Den ena sade:

Att det är psykologi

Psykologi är,

att inte förstå,

det som inte går att förstå.

Förklara det,

som inte går att förklara.

Var jag vän eller inte?

Jag stod undrande,

för det som sker

och

inte sker.

Det som upprepas,

gång på gång.

Är jag vän

eller inte?

Vän

Yttersta

Han skrek

och

förbannade sig själv,

och

alla andra.

Ingenting var rätt.

I sitt raseri mot det yttersta,

såg han den yttersta,

i sig själv.

Lika naket som naturen,

under vår sol

Han såg,

men förstod det inte.

Han fortsatte med sina förbannelser.

De ekade

och

kom tillbaka.

Bergen stod kvar,

Men inte han.

Han låg redan på marken

och viskade förbannelseverser.

Den oändlige

Den oändlige

Bortom vårt förstånd

Förstånd?

Existerar det?

Lika obegripligt,

Som kärleken.

Universum

Min begravningsplats

Partiklarna av is

och

sand.

Rörelserna

Hastigheten

Ljuset

Svarta hål

Döda stjärnor

Döda människor

Döda djur

Cirkulation

Mitt huvud

Mitt förstånd

Existerar den oändlige?

Tiden

Tiden har förflutit ifrån mig,

mot det okända.

En kropp

En klot

En pyramid

Där tiden,

studsar mot ytorna,

av intet.

Molekyler går ihop

och

dras isär.

Kärlekens och hatets molekyler.

I väntan på,

nästa Big Bang

i

intet.

Där

kaos,

ödet

och

Guden

spelar schack.

När?

Hur?

Var?

Tiden

Den galopperande hästen

Åter igen,

var jag i farten.

Som den galopperande hästen

Jag galopperade i en sluttning

Jag såg hela tiden hindren

Men bromsen var borta

Det blodiga ansiktet

Den fradgande munnen

Livet var framför,

men ändå bakom mig.

Långt borta

Nuet,

som fanns i rörelsen

och

i farten,

försvann.

Det var också bakom mig

Det var längs uppe,

på sluttningen.

Där solen,

den ouppnåelige var.

Och jag var

Långt, långt borta.

I slutet.

Där hästen,

möter sitt öde.

Den galopperande hästen

Att leva

De ville tvinga honom till tystnad

I tystnaden.

Den som de kallar för,

livet.

Men tystnaden,

var ändå tystnad.

Trots att den inte var det

Medan livet var ordet,

musiken,

och kontrasten.

De dog i tystnaden,

och han levde i sången

och ordet.

Finns inte

Jag lever på den platsen,

som inte finns.

Saker som,

inte syns.

Människorna osynliga

Ensamhetens strand.

Kärleken,

långt, långt borta.

Bara i tankarna.

Vänskapen,

någonting som sägs finnas,

men ändå inte finns.

Det finns bara rationella hjärnor

och

frysta hjärtan.

Det finns bara,

negationen.

Saker som bara inte finns

Utomjording

Jag,

en utomjording.

Försjunken i mina tankar

Om det oändliga,

som finns

och

inte finns.

I en värld av blod

Det mentala blodet,

som inte rinner.

Och den nöden som omger mig

Hungern,

i det överflödet.

Världen med sina rikedomar

Utlånad,

omvandlade till dödsbringande vapen.

Mina rena händer,

ändå blodiga.

Det rationella,

som bringar död i hjärtat.

Och jag,

som förflyttar mig,

hela tiden,

mellan mig och dig.

Utomjording

Bara jag

Hon dödade mig

Blodet rann

Men ingen såg det,

bara jag.

Jag skrek

Men ingen hörde det,

bara jag.

Det var ingen kniv

och

inget skott.

Trots det,

gjorde det ont.

Men ingen kände det,

bara jag.

Såret låg så djupt

Men ingen märkte det,

bara jag.

Jag återuppstod

Men ingen såg det,

bara jag.

Horisonten flyttades

Där jag ville vara,

bara jag.

Och

jag stod,

där jag vill stå,

bara Jag.

Bara jag

Perspektiv

En diktsamling

Faramarz Moazzami

Jag såg,

att jag inte ser så mycket.

Jag förstod,

att jag inte förstår så mycket.

Jag kände,

att jag inte känner så mycket.

Och där stod jag.

Med blicken mot horisonten

Jag hör till en annan tid

Jag hör till en annat ljus

Jag hör till ett annat perspektiv

Allting blandad

Allting förvirrad

Kaos

Där den sannolika,

är döden.

Och jag,

som hör till en annan tid.

Jag äter upp mig

I en ständig kamp

En kamp utan återvändo

Döden.

På vägen vittnar jag,

korsen

och

halvmånen.

Och

alla de sköna blickarna

och

den blåa himlen.

Och inget annat

Vi är på flera olika nivåer

Varje nivå representerar,

ett perspektiv.

Samma horisont

Olika perspektiv

Stackars människan,

som stannar,

på en och samma nivå.

Och kan enbart se en ljusglimt,

av den stora horisonten.

Som om guden,

vore en sten på jorden.

Eller ett moln,

på himlen.

Eller någon regndroppe,

mitt emellan.

Livet kort som en stjärna,

och du,

lång som ljuset.

Minuterna,

korta som minuter.

Och kärleken,

lång som hatet.

Sekunderna,

korta som sekunder.

Och sången,

lång, lång som livet.

Jag fryser

Jag fryser i mitt hjärta

Att frysa i sitt hjärta,

är inte detsamma som att dö.

Det är ett stadie,

högre eller lägre.

Som kärleken

och

hatet.

Borta är man,

när hjärtat har exploderat,

eller

stelnad.

Som lavan ur vulkanen.

Och där är jag inte.

Inte än så länge

Dina röda läppar

Dina röda läppar

Lika röda som äpplen

och

lika mjuka som rosenblad,

är skapade för att kyssas,

och inte bara för att beskådas.

När orden kommer ut

En värld bortom världen

Där vibrationen,

hjärtats

och

ordens,

är melodier.

Dina röda läppar

Himlen sprack

Ur sprickorna,

kom stjärnorna

och

du.

Och vad var jag,

eller

var var jag?

Jag var inget,

som blev något.

Ur moderskärleken.

Himlens partiklar ur vattnet

Oändligheten omvandlad,

till ändlighet.

Och

den gudomliga kärleken,

som bröt hatet,

ur explosionen.

Du är min kyrka

Du är min kyrka

Jag är i dig

och

du är i mig.

Jag ber till dig

och

du ber till mig.

Korsen på din hals,

är korsen på mina händer.

Spikarna finns på hjärtat.

Mitt och ditt.

Guden är,

ljusstrålen som sänds,

via dig till mig.

Genom våra kyrkofönster.

Du är min kyrka

Du stod där

och

jag här.

Våra blickar,

rörde sig rakt

och

diagonalt.

Jag såg dig,

men,

inte du mig.

När du tittade på mig,

var din blick borta mot himlen.

Där din bild fanns.

Mellan molnen.

Där uppe är du

och

jag är här nere.

Ögonen som ser

och

inte ser.

Och bilden,

som försvinner ur synen,

i de blågula tankarna.

Hon sade:

Skriv på min fars grav,

"Om ni kommer för att besöka mig,

kom långsam, långsam.

Så att ni inte slå sönder,

min bräckliga ensamhet".

En poets dikt om ensamheten på jorden

och

under jorden.

Tårarna låg tätt,

såsom ensamheten.

I ett landskap,

där levande och döda

blandades ostört.

Och

lugnet var evigheten.

Kärleken och kärleken och kärleken.

Och bara det.

I ett liv fullt av hat

och

stolthet.

Tjuren med svärdet i ryggen.

Blodet droppande på händerna.

När den mjuka försvinner,

under den hårda.

Köttet under huden

Och

hjärtat bakom benen.

Och kärleken,

som en strimla ljus.

En skottsalva

Jag är borta

Jag är borta

Ingen gråter

Masken är borta

Kärleken som var och inte var,

är borta.

Med namnet,

som vara bara ett bleck på pappret.

Den mörka i det ljusa

Och sorgen är borta,

som fåglar i senhöst.

Och regnbågen i tidigt vår

Jag är borta

Jag är åter,

i dualismen helvete.

Där död och liv skiljer sig,

och

meningen med allt och intet,

blir en huvudfråga.

Sången bryter dualismen

Där helvetet och paradiset,

blir en melodi.

I ett liv bortom,

den osynliga och den synliga.

Mitt hjärta blöder med sången.

Och barnens skrik,

blir stjärnan,

i dualismens helvete.

Explosionen,

solens,

bryter den mörka färgen.

En blandning blir kvar,

av allt och intet.

Med sången som krona,

i den virvlande vinden.

Och rosor,

Lukten av det liv som finns kvar.

Om författaren

Faramarz Moazzami är född i Iran men bosatt i Sverige sedan 70-talet.

Han är civilingenjör (KTH), civilekonom (Stockholms universitet) samt pedagog.

Han har skrivit flera böcker på persiska, publicerade i Iran och i Sverige. På svenska har han skrivit flera diktsamlingar, teaterpjäser, romaner och ett filmmanus.

Han har debuterat som poet i Lyrikvännen år 2000 och flera av hans diktsamlingar publicerades tidigare. Han har deltagit i flera poetisk evenemangen under åren, senaste i poesimässan 2022 i Stockholm.

Hans första roman "Labyrint" recenserades år 2003 i Dagens Nyheter.

Ur balans, Promenad genom den förbjudna, Tankar från andra sida och Perspektiv är fyra diktsamlingar som ingår i den boken.